AF532450

Ingenting

Paul Wahlström

Av Paul Wahlström:

Alla Våra Solar, BoD 2021

Förberedelse för Brutalt Uppvaknande, Bod 2022

Omslagsillustration: Sofia Bennrup

Förlag: BoD – Books on Demand, Stockholm, Sverige

Tryck: BoD – Books on demand, Norderstedt, Tyskland

ISBN: 978-91-8057-664-2

ETT

Vad önskar du dig?

Å, ingenting,

skriv en dikt åt mig!

Visst, inget är enklare

ord och tankar

väger just ingenting,

och atomerna vi är gjorda av

är mest mellanrum.

Ja, det är redan dikten:

dina tomrum som

ber mina tomrum om

ett ingenting!

Min present till dig är en dikt,
tom, men oläst
och därför sluten,
så kanske inte tom ändå,
som en tom ask är jungfrulig
så länge sigillet är obrutet
och man ännu kan undra
över innehållet.
I det gömdas skugga
ryms mer än det gömda.
Att ha något på tungan
är värt mer än att ha det i handen.
Och det är syftet med asken,
dess charm:
förse det omätliga med sidor,
erbjuda förvaring åt hela världen
utanför den,
vilket är,
min present till dig!

Kanske ska denna dikt överleva oss båda.
Kanske ska den älskas av andra kvinnor
och göra mitt namn känt
i deras sällsamma kotterier.
Förlåt, älskling!
Jag bryr mig inte alls om dessa kvinnor,
och för övrigt kan du inte hålla mig ansvarig
för vad dikten hittar på
när jag inte är där.
Jag flörtar varken med andra kvinnor
eller morgondagens berömmelse.
Det är bara en dikt.
Med lite tur
ger du mig idag en kyss för den!

Jag trivs här

i pausen innan dikten börjar,

för allt här

kan jag avstå från,

till och med

dikten själv.

Långsamt mognar den

i min mun,

men än så länge

har den inte tagit

någon bestämd form,

och vi kan prata om vad som helst!

Om jag bara fann

det första ordet

skulle dikten genast

befolkas av glada vänner

som talar i munnen på varandra

och älskande som

avslutar varandras meningar.

Men tyvärr undgår mig

detta så viktiga första ord,

så här kommer istället

det sista.

Ingenting.

Jag skriver ordet Ingenting,

så att sidan inte ska

stå tom.

Tom på allt

skriver jag det som är kvar:

dikten själv

eller det som är så smått

att ingen

tänkt på det.

Antingen ser du ingenting här,

eller så ser du

det ingenting

som här står skrivet!

Orden snubblar ut
på upptäcktsfärd.
Jag tar dem ett och ett
i nackskinnet
och samlar in hela kullen
i dikten igen.
Där har jag bäddat
mjukt och skönt åt dem
och det står en skål
vokaler precis intill.
Ändå smiter de iväg
så fort jag vänder ryggen till.
Det är lustigt, här är ju dikten,
fix färdig.
Vart föreställer de sig egentligen
att de är på väg?

Så många ord

för så få ord,

för den svaga gravitationen

av så många ord,

allt som måste sägas

innan något kan sägas,

en enkel rad om hur något blir till,

hur orden själva

blir till.

Jag skriver ner den

och har sedan bara att välja

om jag ska börja

eller sluta där.

Jag vet inte hur du kom hit,
och jag vet inte vart du går
sedan du har läst den här dikten,
men här är du nu så kom in
och vila dig en stund,
vi behöver inte prata.
Det här är en dikt gamla vänner emellan.
Här är allt redan sagt.
Vi kan vara tysta.

Jag tycker om enkla dikter
korta dikter
såna som slutar
med en blinkning av ögat
någonstans
efter det sista ordet.
Och här kommer det nu,
det sista ordet.
Börjar det så småningom
gå upp ett ljus?
Inte alls, det är bara
så det ser ut när man
närmar sig ett slut.

En poet är

någon som vet

hur man börjar

och hur man slutar,

men som inte alltid vet

vad man ska ta sig för

mellan början

och slutet,

och som håller

dikten vid liv

genom att

dröja kvar i början

eller

dra ut

på

slutet.

Här är en dikt
kramad till en pappersboll,
vars många veck och skrymslen
bildar en liten labyrint.
Du går in i den och hittar inte ut.
Det var inte så enkelt
som det verkade utifrån.
Men i samma ögonblick
som du ger upp
och vill ropa åt poeten att hjälpa dig
får du syn på vägen ut.
Lättad lämnar du dikten,
vilket i förbigående sagt
är hela poängen med den,
att du ska börja i ena änden,
och komma ut i den andra,
med en känsla av att du just
gått igenom något.

Dikten blir aldrig färdig.

Också när allt gått upp för en
är man bara nära,
och på något sätt
måste man ändå fortsätta:
klängen kryllar sig,
långa naglar växer i spiral,
och där stigarna tar slut
bildas små danser!

TVÅ

MINA MONUMENT

Jag har gjort några saker
som jag är stolt över.
Men det är saker jag inte gjorde
som jag bär med mig genom livet
som rena svarta pärlor.
Min största bragd
är de märken jag inte lämnade efter mig,
morgnarna jag fortsatte sova,
orden jag höll för mig själv,
valarna i havet, havet självt.
Och bergen,
som jag lämnade som de var.

Under några blad
hittar jag
en liten blyg gläntbo,
ett en-gång-och-aldrig-mer,
stöpt i vitt.
Något som omärkligt blommar
och vissnar.
Den är inte vacker,
den har inte ens ett namn i folkmun.
Jag nämner den
för dess obetydlighets skull,
dess förmåga att knappt bli sedd
och hur lätt man sedan glömmer den.
Så långsamt gör den intryck,
trampar den upp en stig i minnet,
att man redan måste ha sett
många av den innan man ser den
för första gången.
Vet du vilken jag menar?

HALO

Ju mindre
desto mer omkring.

Som det lyser
om den lilla vita blomman!

av den halo
som omger allt

som har en början
och ett slut,

och som nästan inte alls
syns runt solen!

Jag älskar ljuset
i glasmontrar
som det lyser om morgonen
i dammiga foajéer,
hur det färglösa
intill det färglösa
skiftar i grönt.
Jag vill ha dem som de är,
tomma och genomskinliga,
ställa ut intet till beskådan,
öppna ett ljusmuseum,
stora aviarier
fulla av solstrålar!
Här till exempel är ett fascinerande objekt,
en blott åtta minuter gammal solstråle,
och redan mor
till hela resten av dagen!

Jag ritar ett streck,

en torr stjälk,

en blomma utan blad,

frömjöl eller blomkorg.

Utan färg.

Just för att du älskar

allt som lever

vill jag ge dig

en blomma som inte finns,

mimar jag

en osynlig blomma

i min hand,

oplockad, orörd,

den vackraste jag kunde hitta

av allt som inte syns

och inte lämnar spår.

Vi drar in doften
av blommor
och sav
och andas ut rök
i vinterkyla.
Tiden går snabbt,
redan är allt visset.
Och tröga av köld
faller det oss aldrig in
att det på snön
kunnat växa blommor
med rötter i snön som
vattenvener,
trots att något så vackert,
om allt gått rätt till
vid skapelsen,
så självklart
borde finnas på riktigt!

TRE

Vad är mer ditt än du?

Ändå är du hemma

i bara lite av dig.

Resten anträder du utifrån,

platser du för alltid närmar dig,

ofyllda, vita ytor som är ingenting

och ändå inte,

ungefär som en dans i vila

inte är något,

eller det ingenting är

som man viftar bort som "ingenting"

när andra inte genast

förstår.

Guldlockszonen

vid randen av sinnet,
ett känsligt korallrev
bebott av allt som ännu inte är,
impulser lättare än luft
som låter sig anas
men inte vågar låta sig tänkas,
som finns, men inte helt,
då de då skulle varit
något annat: en tyngd,
något vackert
som lyfts ur vattnet
och äcklat skrapas från
händerna.

Jag tänker inte på det.
Det är inte tanke än
så jag kan inte tänka på det.
Men likafullt.
Finns det.
Jag vet inte vad det är,
bara att det är.
Jag har det på tungan,
jag famlar efter det,
nyper det ur luften med fingertopparna.
Jag glömmer vad jag höll på med,
blicken blir glasartad,
jag lutar huvudet åt sidan
som för att lyssna.
Är det ett minne,
något som inte hänt än?
Av dallringarna i trådarna
försöker jag sluta mig
till dess form och massa.

Luftiga vävar går sönder i händerna,
jag svävar på målet.
Det där.
Det där, vad det nu än är
omger mig som yra böljor,
vaggar mig ur takt.
Jag rör mig långsamt,
som för att vänta in det.
Jag stirrar på papprets vita yta
som tycks mig betydelsefull.
Allt omkring mig blir ledtrådar.
Så småningom
ska jag bli klar över det här, tänker jag.
Jag matar in informationen:
ett moln, en tråd, en nyans av mjölk,
en känsla.
Och sedan lägger jag det åt sidan.
Rörelsen är igångsatt.
Som en bön.

Jag litar på mig själv
att tankarna någonstans blir tänkta,
som man litar på att cellerna
i ens kropp ska göra sitt jobb,
att hjärtat ska fortsätta slå.
Kanske får jag om en timme
eller ikväll
från ingenstans en underbar idé!
Men kvällen kommer
och aningen dyker upp igen,
lika ofärdig som förut,
som en ourskiljbar smak,
ett vägande på tungan av ingenting
som hindrar mig från att sova.
Det som slumrar i mig håller mig vaken.
Kanske i morgon, tänker jag.
Kanske i morgon.

EN MELODI HAR FASTNAT

∩∩ ∩ ∩ ∩∩ ∩
∩∩∩ ∩∩ ∩
∩∩ ∩ ∩ ∩∩ ∩
∩∩∩ ∩∩ ∩

∩∩∩ ∩∩∩ ∩∩ ∩
∩ ∩∩ ∩ ∩∩ ∩
∩∩∩ ∩∩∩ ∩∩ ∩
∩ ∩∩ ∩ ∩∩ ∩

∩ ∩∩ ∩∩ ∩ ∩ ∩
∩∩ ∩ ∩∩ ∩ ∩∩∩
∩ ∩∩ ∩∩ ∩ ∩ ∩
∩∩ ∩ ∩∩ ∩∩∩

ORDEN SOM SÄGER ALLT

Den klara tonen
när vi vet,
rösten dämpad i sammet
när vi inte riktigt vet,
mumlandet i de nedersta skikten,
när vi letar efter det som inte finns
om man inte letar efter det.
De flesta rör inte vid det
som är svårt att sätta fingret på.
Men poeter slutar aldrig
att gnugga sömnen ur ögonen,
att leta efter orden som säger allt,
fastän orden som säger allt
tar all tid som är kvar att uttala,
och man bara i det sista andetaget
har luft nog i lungorna.

FYRA

Dikten börjar,

ett ord

sedan ett till.

Det finns inga tankar än.

Det finns inga moln

att följa på himlen,

den är bara moln.

Dropparna blir för tunga

för det tomma,

så de faller,

landar ljudlöst i håret,

var för sig

en tystnad,

tillsammans en hörbar tystnad,

ett regn.

En dikt.

Dikten

är ett regn i en stor sal.

Suset når alla delar av salen

utan att fylla den.

Det fångar inte vår uppmärksamhet

men ser också till att

inget annat gör det.

Distraktionens bild:

det är ingenting

och vi väntar alla på att det ska

upphöra.

Dikten är en frasande svart balklänning
som dras över kylda marmorgolv,
ett regn som långsamt avtar.
Ljudet av orden
skiktas bort i den svagaste stråkföring,
tills vi får syn på varandra igen,
vilket är diktens poäng,
att via ett regn
föra oss tillbaka till tystnaden,
till gränsen för det hörbara,
där vi på nytt uppfattar
de andra lyssnarna.

Regnet fyllde himlen,

hekatomber av vatten,

le deluge suspendu!

Men inte en enda gång

tänkte vi på hur det vore att drunkna.

Och när det dragit förbi

var alla glömda glas och askfat

därute nästan tomma,

som om det knappt haft med oss att göra.

Jag levde på så lite,
lät ett fall
stå för så mycket,
regnet
om vilket jag
satte samman några ord,
som för stunden blev
hela min värld,
en hel värld!
Ja,
vad är en skapare
om inte någon som kan leva
på nästan ingenting?

FEM

Du sitter i din stol,
jag sitter i min.
Då och då säger du något
och jag säger något,
så att läpparna
kan mynna ut i viktlöshet,
så att orden
kan öppna sig mot inget.
Teet ångar i kopparna.
Genom frostspunna fönster
syns vita fält som fortsätter
och fortsätter,
och vi pratar mest för att kunna tystna,
för det intima ögonblicket
när avståndet mellan oss
är alldeles nytt.

Jag har lovat dig en dikt
men har ingenting att säga.
Jag tittar på en frusen fontän av löften,
munnen öppen.
Andningen är glas
så tunnblåst
att det är himlen.
Att lova är att tömma
sina lungor i en enda vintrig utandning,
se molnet frysa i luften,
sjunka och landa
långsamt som snö
i röda kalla händer,
en skör struktur av luft och frost,
ett andetag som inte tål ett nytt andetag,
ett ord som inte kan bära sitt ljud.
Jag bär det,
tyngden av två tomma händer.

En suck är lite mer än andning,
lite mindre än röst,
det minsta möjliga
när det finns för mycket att säga.
Man suckar när man vill säga något
som allt levande kan förstå,
när man överger orden
för att vara säker på att äntligen nå fram.
Sucken säger ingenting
bara hur gärna man vill säga det,
vilket ju i grund och botten är allt
man nånsin vill säga.

Min blyga sång

från badrummet

– en svans

som bara syns när jag gömt mig.

Den vippar kattlikt

retsamt mot ditt öra,

och rör knappt upp tystnaden,

med en röst

som för alltid bara smakar på sången

och ändå omisskännligt

är en sång,

min sång.

Även om du inte kunde spela
tyckte du om att hålla i musikinstrument.
Jag fann dig i ett rum med en violin
som om du vakade över ett sovande barn.
Försiktigt, men så hårt du kunde,
höll du i dess blankpolerade trä,
i musiken som aldrig skulle höras.
Det var din favorittystnad.
Du framförde den varje gång
du hittade en violin någonstans.
Och alla osynliga i rummet
fladdrade med händerna,
applåder på dövas vis.

Våra korta dispyter om ingenting
slutade alltid
med att vi låg i varandras armar,
utan att jag visste hur,
utan att jag egentligen fann
de rätta orden.
Med tiden lärde jag mig
att lägga orden rätt.
Men till vilken nytta?
Om orden inte längre stöds
av en vacker röst
och unga läppar
vem kan då ställa saker till rätta?

Vår gamla plats vid vattnet.
Det är fridfullt.
Inga fejder i aulorna
mellan regnens och havens skolor,
ingen osämja längre
mellan dig och mig.
Om än samma danser:
över vattnet en flock starar
och i vattnet stimmets små speglar
med en stare i varje,
ingen osämja,
bara en evig oförmåga
att finna en plats på ytan
åt kyssen.
Och för mig att än en gång inte veta
för vem jag ska visa detta
som än en gång inte hände.

SEX

Vi lämnar dörren öppen när vi går.

Demonerna slipper ut

de nyfikna slipper in.

Kom in, kom in!

Det finns ingenting att stjäla.

Ha, ha!

Det finns faktiskt ingenting att stjäla.

MINA FÖRSTA ORD

Jag är ny här.
Jag vill säga älska
som andra har gjort.
Det är min tur
att säga eld och jord,
vind och vatten,
allt det där ni vet.
Jag vill provregna regnet,
testa en himmel
och ge döden min bästa gissning.
Medan jag är här
vill jag samvetsgrant se och säga
det som finns,
yttra orden "sol" och "skugga"
med min klaraste röst,
säga allt, uttala världen
i en enda allomfattande stavelse.

Men sedan,

när jag sagt allt

och det blivit tyst igen,

vill jag fukta läpparna,

luta mig mot något stort

och bara säga

det första som faller mig in.

HÄSTAR

Det finns inga hästar i den här dikten,
jag hann inte med.
Även sparvarna skingrades kvickt.
Så fort jag fattade pennan
flög de iväg.
Och när jag såg mig om
efter något annat att beskriva,
smet vildkaninerna ner i sina hålor.
Så de syns nu inte ens
i det höga gräset
mellan raderna.
Humlorna finns det heller inget att säga om.
Tjocka och jovialiska brummade de runt
som luddiga fingertoppar
precis i utkanten av dikten.
Nej, allt jag lyckades fästa på pappret
var några böjda grässtrån efter hovarna

och lite damm

som fortfarande sjunker,

samt solen som jag la till

så att dammet ska lysa.

Det finns med andra ord

ingenting att se här.

Ja, om man inte tittar närmare förstås,

men då skulle man redan befinna sig

i en annan dikt.

ORIGAMI

På en servett
börjar jag på några rader om duvorna,
men märker snart
att dikten klarar sig
utan deras knyckiga närvaro,
och släpper ut dem igen
med några överkorsningar
och ett hjärtligt tack för hjälpen!
Istället handlar den om
hur jag viker servetten
till en pappersduva
som jag gärna velat ge bort
i en chevaleresk gest,
men som jag istället försynt
lämnar kvar åt någon att hitta.
Och dold inuti duvan,
som en hemmagjord själ,

den lilla dikten som kan läsas

först om man viker upp duvan

och därmed förstör den:

nästan levande,

origamiduvan av tunt papper

som vickar i draget.

PAPPERSBLOMMA

till Aline

Käraste farmor,
jag vill ge dig en blomma
som jag själv vikt av papper,
färgad med kritor och
vätt med mammas parfym
så den ska dofta.

Jag vill skriva dig en blomma.

Jag vet att du kommer att vårda
mitt nya fiasko
i lådan med barnteckningar
och slarviga garnflätor
lika korta som mitt barnsliga tålamod.
Du tar fram lådan ibland för att visa mig
dessa pressade blommor,

förevigade i själva vissnandet,
som om du ville övertyga mig om
att jag älskat dig,
vilket alltid gör mig lite sorgsen.

Jag ser ut på regnet och
finner plötsligt mitt motiv fantasilöst.
Blommor!
Men som present
är blommor alltid en bra idé,
det är vad man säger,
och det måste inte vara tulpaner och rosor.
Vind från det öppna fönstret
gör rullande vågor
i de flortunna, vita gardinerna.
Regnstänk växer på dem som grå blommor
som doftar regn.

Jag vill skriva om dem.

Jag rullar osynliga kronblad mellan fingrarna,
söker en tanke som inte riktigt vill ta sig.

Men som sagt,
jag har alltid bara skänkt dig
mina fiaskon,
och här är ett till,
ett diktutkast som ligger på golvet
hopknycklad till en pappersboll
som långsamt vecklar ut sig,

som en blomma slår ut.

KOMPROMETTERANDE BILLET DOUX

När jag finner en lysande formulering
om ljuset i rummet,
förändrar det ljuset i rummet,
ett ovanligt gott infall
som skiljer sig så mycket
från min vanliga konversation
att jag tappar mitt självförtroende
och tänker:
kanske är mina övriga tankar
ingenting värda,
kanske kommer någon i framtiden
rentav pruta på min skalle
i kuriosabutiken på hörnet!
När allt kommer omkring
är jag bara en poet,
en mask
som äter sig genom sin verklighet

och omvandlar den.

Långsamt, tum för tum

mognar dikterna

som lucker mull mellan fingrarna.

Det är en slags galenskap.

Att skriva är att

fördela ett mord över hela livet.

Det iögonfallande tålamodet

pekar på passionen.

Att skriva är att slita sig i håret

tills man lyfter sig i håret.

Ändå måste varje ny dikt,

i sin oordnade klänning och rufsiga coiffure,

alltid vara en lek.

Man måste glömma

hur mycket den betyder för en,

den barnsliga blicken,

naglarna med sorgkanter,

det oskickligt påstrukna läppstiftet,

och ta lätt på sin egen sorg
när man överger den.
Man måste vara en förströdd,
lite egen
goddagspilt
som läspande förför lantlollorna
innan man far tillbaka
till sitt riktiga liv i Paris
med en pikant histoire i rockärmen.
Dikter är frillobarn,
de skrivs vid sidan om,
men blir inte bra
om inte uppmärksamheten
redan från början
ligger lite vid sidan om,
vilket den gör hos alla goda älskare.
Likt dessa
skriver jag egentligen inte,
bara en skiss då och då,

som jag lägger åt sidan

så fort jag försäkrat mig om

att förmågan fortfarande finns där.

Och så småningom

voilà,

en ny bastard!